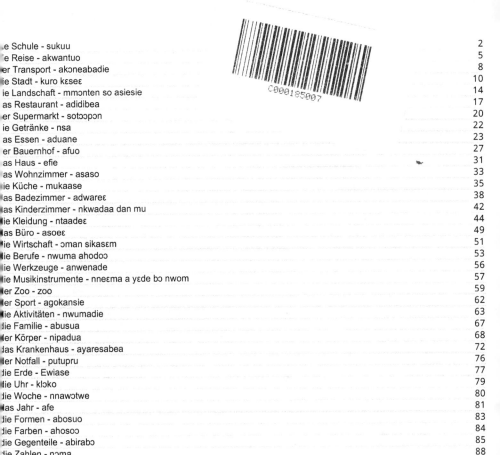

Impressum
Verlag: BABADADA GmbH, Nedderfeld 112 , 22529 Hamburg
Geschäftsführer / Verlagsleitung: Harald Hof
Druck: Books on Demand GmbH, In de Tarpen 42, 22848 Norderstedt

Imprint
Publisher: BABADADA GmbH, Nedderfeld 112 , 22529 Hamburg, Germany
Managing Director / Publishing direction: Harald Hof
Print: Books on Demand GmbH, In de Tarpen 42, 22848 Norderstedt, Germany

das Klassenzimmer
sukuudanmu

dividieren
kyemu

186/2

die Tafel
twerɛ pono

der Lehrer
kyerɛkyerɛni

der Schulhof
sukuu mu

das Papier
krataa

schreiben
twerɛ

der Stift
pɛn

der Schreibtisch
ɛpono a yɛyɛ so adwuma

das Lineal
rula

das Buch
nwoma

die Sc
sukuu

der Ranzen

baage

die Federmappe

twerɛdua konko

der Bleistift

twerɛdua

der Bleistiftanspitzer

deɛ yɛde sensen twerɛdua
ano

das Radiergummi

rɔba

das Bildwörterbuch

dihyinari a yɛhwɛ

der Zeichenblock
ataa a yɛdwi adeguso

die Zeichnung
adedwie

der Pinsel
penti brɔhye

der Malkasten
penti adaka

die Schere
apasɔɔ

der Klebstoff
aman

das Übungsheft
ɔma a yɛyɛ mu adwuma

die Hausaufgabe
efie adwuma

die Zahl
nɔma

addieren
kabom

subtrahieren
te fri mu

multiplizieren
mmɔho

rechnen
sese

der Buchstabe
lɛtɛ

das Alphabet
ntwerɛeɛ

das Wort

asɛmfua

der Text

ntwerɛdeɛ

lesen

kenkan

die Kreide

kyɔk

die Stunde

adesua

das Klassenbuch

twerɛ wo din

die Prüfung

nsɔhwɛ

das Zeugnis

abodinkrataa

die Schuluniform

sukuu ataadeɛ

die Ausbildung

adesua

das Lexikon

nyansa nwoma

die Universität

suapɔn

das Mikroskop

maakroskop

die Karte

map

der Papierkorb

kɛntɛn a yɛde krataa nwura gu mu

das Hotel
ahɔhogyebea

die Herberge
hostɛl

die Wechselstube
baabi a yɛ sesa sika

der Koffer
potomanto

das Auto
kaa

die Sprache

kasa

ja / nein

aane / dabi

Okay

Yoo

Hallo

hɛlo

der Übersetzer

kasa asekyerɛfoɔ

Danke

Medaase

Was kostet...?

...bɔɔ yɛ sɛn?

Ich verstehe nicht

Me nte aseɛ

das Problem

ɔhaw

Guten Abend!

Maadwo!

Guten Morgen!

Maakye!

Gute Nacht!

Dayie!

Auf Wiedersehen

baibai o

die Richtung

akwankyerɛ

das Gepäck

wo nneɛma

die Tasche

bɔtɔ

der Rucksack

akyirebɔtɔ

der Gast

ɔhɔhoɔ

das Zimmer

danmu

der Schlafsack

bɔtɔ a yɛda mu

das Zelt

ntomadan

die Reise - akwantuo

Touristeninformation

ɛm dema wɔn a wɔkɔ nsrahwɛ

der Strand

mpoano

die Kreditkarte

kaade a yɛde yi sika

das Frühstück

anɔpa aduane

das Mittagessen

awua aduane

das Abendessen

anwumerɛ aduane

die Fahrkarte

tiket

der Fahrstuhl

pegya

die Briefmarke

stamp

die Grenze

ɛhyeɛ so

der Zoll

kutɔmfoɔ

die Botschaft

embasi

das Visum

visa

der Pass

passpɔt

das Flugzeug
ewiemhyɛn

das Schiff
suhyɛn

das Feuerwehrauto
afidie no so engine

der Bus
bɔs

der Lastwagen
lɔre

ɔrboot
kumaa a moto bɔ ho

das Auto
kaa

das Fahrrad
sakre

die Fähre

hyɛma

das Boot

suhyɛn kumaa

das Motorrad

motosakre

das Polizeiauto

polisifoɔ kaa

das Rennauto

kaa a ɛkɔ mirika akansie

der Mietwagen

kaa a yɛde ma ahan

das Carsharing

wɔre kyɛ kaa

der Abschleppwagen

lɔre a asɛeɛ

das Müllauto

bɔɔla kaa

der Motor

moto

der Kraftstoff

pɛtro

die Tankstelle

baabi a yɛbu pɛtro

das Verkehrsschild

trafik ahyɛnsodeɛ

der Verkehr

trafik

der Stau

trafik akye

der Parkplatz

baabi a yɛde kaa esi

der Bahnhof

keteke gyinabea

die Schienen

keteke kwan

der Zug

keteke

die Straßenbahn

tram

der Wagon

ponkɔ kaa

der Helikopter

helikopta

der Flughafen

ewiemhyɛnbea

der Tower

abansoro

der Passagier

apasingyani

der Container

tontowa

der Karton

adaka

der Karren

kaate

der Korb

kɛntɛn

starten / landen

atu / asi fam

die Stadt
kuro kɛseɛ

das Dorf

akurase

das Stadtzentrum

kuro dwaberɛ mu

das Haus

efie

das Kino
sinidanmu

die Werbung
dawurɔbɔ

die Straßenlaterne
ɛkwan so kanea

die Straße
ɛkwan

das Taxi
taisi

der Kiosk
kiosk

der Fußgänger
nnipa

der Bürgersteig
kaakwan ho

die Ampel
trafik kanea

die Kreuzung
ntwamu

der Zebrastreifen
baabi a yɛtwa kwan mu

onne
ɛnsen wɔ mmɔntenso

die Hütte

apata

die Wohnung

efie

der Bahnhof

keteke gyinabea

das Rathaus

adwaberɛm

das Museum

bea a yɛ kora tete nneɛma

die Schule

sukuu

die Universität

suapɔn

die Bank

sikakrobea

das Krankenhaus

ayaresabea

das Hotel

ahɔhogyebea

die Apotheke

famasi

das Büro

asoeɛ

die Buchhandlung

sotɔɔ a wotɔn nwoma

das Geschäft

sotɔɔ

der Blumenladen

baabi yɛtɔn nhwiren

der Supermarkt

sotɔɔpɔn

der Markt

edwam

das Kaufhaus

sotɔɔ kɛseɛ

der Fischhändler

baabi a yɛtɔn mpataa

das Einkaufszentrum

dwadibea kɛseɛ

der Hafen

suhyɛn gyinabea

der Park

baabi kaa gyina

die Bank

bɛnkye

die Brücke

ɛtwene

die Treppe

atwedeɛ

die U-Bahn

asaase ase

der Tunnel

ɛbɔn

die Bushaltestelle

baabi a bɔs gyina

die Bar

nsanombea

das Restaurant

adidibea

der Briefkasten

lɛta adaka

das Straßenschild

ɛkwan so akwankyerɛ

die Parkuhr

baabi kaa gyina ho mita

der Zoo

zoo

die Badeanstalt

nsuo a yɛ dware mu

die Moschee

nkramodan

der Bauernhof

afuo

die Umweltverschmutzung

deɛ egu mmɔnten so fi

der Friedhof

asieɛ

die Kirche

asɔre

der Spielplatz

agodibea

der Tempel

asɔre dan

die Landschaft

mmɔnten so asiesie

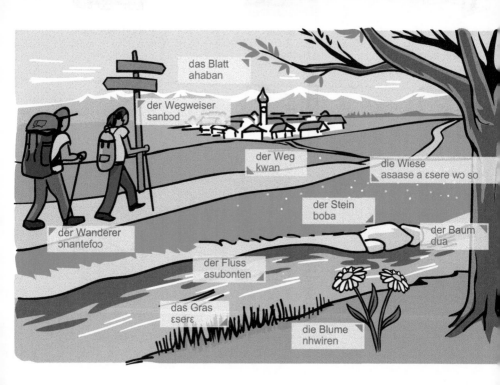

das Blatt
ahaban

der Wegweiser
sanbɔd

der Weg
kwan

die Wiese
asaase a ɛsere wɔ so

der Stein
boba

der Baum
dua

der Wanderer
ɔnantefoɔ

der Fluss
asubɔnten

das Gras
ɛserɛ

die Blume
nhwiren

das Tal

amenamu

der Berg

bepɔ

der See

tadeɛ

der Wald

kwaeɛ

die Wüste

ɛserɛ so

der Vulkan

egya a efri botan mu

das Schloss

abankɛseɛ

der Regenbogen

nyankontɔn

der Pilz

emere

die Palme

abɛtene

der Moskito

ntomntom

die Fliege

tu

die Ameise

ntɛtea

die Biene

wowa

die Spinne

ananse

der Käfer

amankuo

der Frosch

aponkyerɛni

das Eichhörnchen

opuro

der Igel

apɛsɛ

der Hase

adanko

die Eule

patuo

die Vogel

anomaa

der Schwan

nsuo mu dabodabo

das Wildschwein

kɔkɔte

der Hirsch

adoa

der Elch

ɔtweenini

der Staudamm

dam

das Windrad

wind turbine afidie

das Solarmodul

afidie a ɛkye awia

das Klima

wiem nsakraeɛ

der Kellner
ɔsom adidieɛ

die Speisekarte
aduane a ɛwɔ hɔ

der Stuhl
akonwa

die Suppe
nkwan

die Pizza
pisa

die Tischdecke
ntoma a ɛse pono so

das Besteck
ntere a yɛde didi

die Vorspeise

mprampra anom

das Hauptgericht

aduane no ankasa

die Nachspeise

mpa anom

die Getränke

nsa

das Essen

aduane

die Flasche

toa

das Fastfood

aduane hyewhyew

das Straßenessen

abɔnten so aduane

die Teekanne

tii kukuo

die Zuckerdose

asikyire konko

die Portion

wo kyɛfa

die Espressomaschine

espresso afidie

der Hochstuhl

akonwa tenten

die Rechnung

wo ka

das Tablett

apanpan

das Messer

sekan

die Gabel

adinam

der Löffel

atere

der Teelöffel

atere ketewa

die Serviette

napkin a yɛde pepa ano

das Glas

glase

der Teller
prɛte

der Suppenteller
kwan kyɛnsee

die Untertasse
prɛte ketewa

die Sauce
abomu

der Salzstreuer
nkyene kukuo

die Pfeffermühle
yɛde yam mako

der Essig
fenega

das Öl
anwa

die Gewürze
aduhwam

das Ketchup
kɛkyɔp

der Senf
mustad

die Mayonnaise
mayones

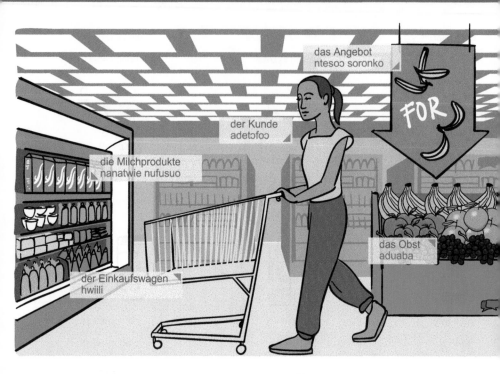

das Angebot
ntesɔɔ soronko

der Kunde
adetɔfoɔ

die Milchprodukte
nanatwie nufusuo

das Obst
aduaba

der Einkaufswagen
hwiili

die Schlachterei

baabi a yɛtɔn nam

die Bäckerei

baabi a yɛtɔn paano

wiegen

susu

das Gemüse

atosodeɛ

das Fleisch

nam

die Tiefkühlkost

frigyemu aduane

der Aufschnitt

nam a adwɔɔ

die Konserven

kyɛnsee mu aduane

das Waschmittel

paoda samena

die Süßigkeiten

adedɔkɔdɔkɔ

die Haushaltsartikel

efie nneɛma

das Reinigungsmittel

adetɔneɛ a yɛde pepa fin

die Verkäuferin

nnipa a ɔtɔn adeɛ

die Kasse

afidie a egye sika

der Kassierer

ɔgyegye sika

die Einkaufsliste

taa a wodi rekɔ di dwa

die Öffnungszeiten

berɛ a wɔde bua

die Brieftasche

sikabɔtɔ

die Kreditkarte

kaade a yɛde yi sika

die Tasche

baage

die Plastiktüte

rɔba baage

das Wasser

nsuo

der Saft

aduaba mu nsuo

die Milch

nufusuo

die Cola

kok

der Wein

wain nsa

das Bier

biya

der Alkohol

mmorosa

der Kakao

kokoo

der Tee

tii

der Kaffee

kofe

der Espresso

espresso

der Cappuccino

kapukyino

die Banane

kwadu

der Apfel

apol

die Orange

ankaa

die Melone

melon

die Zitrone

akutoɔ

die Karotte

karɔt

der Knoblauch

garlik

der Bambus

pampro

die Zwiebel

gyeene

der Pilz

mmere

die Nüsse

nkateɛ

die Nudeln

talia

die Spaghetti

spageti

der Reis

εmo

der Salat

salad

die Pommes frites

kyipis

die Bratkartoffeln

abrɔdwomaa a y'akye

die Pizza

pisa

der Hamburger

hambɔga

das Sandwich

sanwekye

das Schnitzel

nam a dompe nnim

der Schinken

preko nam

die Salami

nam a y'ahata

die Wurst

sɔsege

das Huhn

akokɔ

der Braten

toto

der Fisch

apataa

die Haferflocken

oosu koko

das Müsli

muesli

die Cornflakes

konflese

das Mehl

esam

das Croissant

krossant

das Brötchen

paano a y'abobɔ

das Brot

paano

der Toast

paano a y'atoto

die Kekse

biskete

die Butter

bɔta

der Quark

nufusuo a ada

der Kuchen

keeke

das Ei

kosua

das Spiegelei

kosua a y'akyeɛ

der Käse

kyiis

die Eiscreme

asskrim

der Zucker

asikyire

der Honig

ɛwoɔ

die Marmelade

gyaam

die Nougat-Creme

kyokolete

das Curry

kɔri

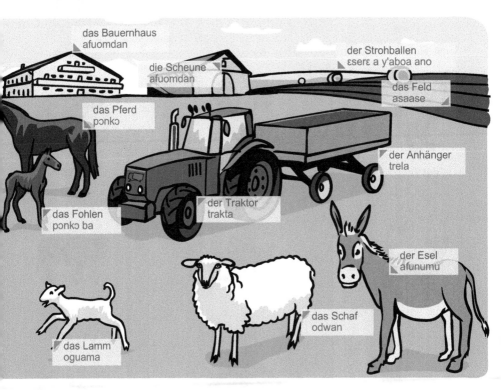

das Bauernhaus
afuomdan

die Scheune
afuomdan

der Strohballen
ɛsɛrɛ a y'aboa ano

das Feld
asaase

das Pferd
pɔnkɔ

der Anhänger
trela

das Fohlen
pɔnkɔ ba

der Traktor
trakta

der Esel
afunumu

das Schaf
odwan

das Lamm
oguama

die Ziege

apɔnkye

die Kuh

nantwie

das Kalb

nantwie ba

das Schwein

prɛko

das Ferkel

prɛko ba

der Bulle

nantwinini

die Gans

dabodabo nua

die Ente

dabodabo

das Küken

akokɔba

das Huhn

akokɔbedeɛ

der Hahn

akokɔnini

die Ratte

kusie

die Katze

ɔkra

die Maus

akura

der Ochse

nantwinini

der Hund

kraman

die Hundehütte

kraman buo

der Gartenschlauch

afuom drobɛn

die Gießkanne

tontora a yɛde gu nsuo

die Sense

sekan a yɛde twa aburo

der Pflug

funtum dadeɛ

die Sichel

kontɔnkrɔ

die Hacke

asɔ

die Mistgabel

afuom adinam

die Axt

akuma

die Schubkarre

hweebaro

der Trog

adidika

die Milchkanne

nufusuo konko

der Sack

bɔtɔ

der Zaun

ɛban

der Stall

pɔnkɔ dan

das Treibhaus

ntomadan a yɛyɛ mu afuo

der Boden

anwea

die Saat

aba

der Dünger

ɔyɛ asaaseyie

der Mähdrescher

otwaberɛ trakta

ernten

twa

die Ernte

otwaberɛ

die Yamswurzel

bayerɛ

der Weizen

ayuo

das Soja

soya

die Kartoffel

abrɔdwomaa

der Mais

aburo

der Raps

repu aba

der Obstbaum

dua a ɛso aba

der Maniok

bankye

das Getreide

aburo asefoɔ

der Schornstein
nwusie kyiniieɛ

das Dach
mmɔsoɔ

die Regenrinne
paipo a nsuo fa mu

das Fenster
mpoma

die Garage
garage

die Klingel
ɛpono ho adɔma

die Tür
ɛpono

der Mülleimer
bɔɔla kyɛnsen

der Briefkasten
lɛta adaka

der Garten
afuoketewa

das Wohnzimmer

asaso

das Badezimmer

adwareɛ

die Küche

mukaase

das Schlafzimmer

pie mu

das Kinderzimmer

nkwadaa dan mu

das Esszimmer

dan a yɛdidi mu

der Boden

εfam

die Wand

εban

die Decke

abruuso

der Keller

danbloo

die Sauna

adwereε a εbɔ ɔhyew

der Balkon

abranaa

die Terrasse

abranaaso

das Schwimmbad

nsuo a yεdware mu

der Rasenmäher

afidie a yεde dɔ

der Bettbezug

nsεfam

die Bettdecke

ntoma a εse kεtε so

das Bett

mpa

der Besen

prayε

der Eimer

bokiti

der Schalter

dane

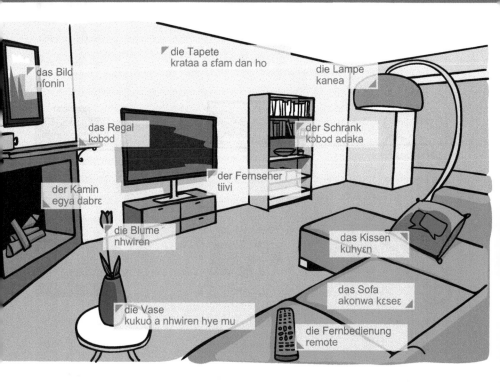

das Bild
nfonin

die Tapete
krataa a ɛfam dan ho

die Lampe
kanea

das Regal
kɔbod

der Schrank
kɔbod adaka

der Kamin
egya dabrɛ

der Fernseher
tiivi

die Blume
nhwiren

das Kissen
kuhyɛn

die Vase
kukuɔ a nhwiren hye mu

das Sofa
akonwa kɛseɛ

die Fernbedienung
remote

der Teppich

kapɛte

der Vorhang

ntwaa dan mu

der Tisch

ɛpono

der Stuhl

akonwa

der Schaukelstuhl

akonwa a ehinhim

der Sessel

akonwa a yɛgyegye dan

das Buch

nwoma

die Decke

kuntu

die Dekoration

dan mu nsiesie

das Feuerholz

egya

der Film

sini

die Stereoanlage

wailɛs

der Schlüssel

safoa

die Zeitung

koowaa krataa

das Gemälde

nfonin a y'adwi

das Poster

nfam danho

das Radio

radio

der Notizblock

krataa a yɛ twere mu

der Staubsauger

afidie a ɛprapra

der Kaktus

kaktus

die Kerze

kyɛnere

der Kühlschrank
frigye

die Mikrowelle
maikrowave

die Küchenwaage
mukaase skeele

der Toaster
tosta

das Reinigungsmittel
samena

der Backofen
foonoo

das Gefrierfach
friza

der Mülleimer
bɔɔla kyɛnsen

der Geschirrspüler
afidie a ɛhohoro nkukuo mu

der Herd

abɛɛfo bukyea

der Topf

kokuo

der Eisentopf

dadesɛn

der Wok / Kadai

wok / kadai

die Pfanne

kyɛnsee

der Wasserkocher

nsuo hyeɛ afidie

der Dampfgarer

stiima

das Backblech

apa a yɛ to so adeɛ

das Geschirr

prɛte, kuruwa, ntere ne nea ɛkeka ho

der Becher

kuruwa a etumi bɔ

die Schale

kyɛnsee

die Essstäbchen

nnua a yɛde didi

die Suppenkelle

kwantre

der Pfannenwender

dua atere

der Schneebesen

yɛde nu adeɛ mu

das Kochsieb

sɔneɛ

das Sieb

fefe

die Reibe

greta

der Mörser

waduro

der Grill

kyinkyinga

die Feuerstelle

bukyea

das Schneidebrett
....
no a yɛ twitwaso adeɛ

das Nudelholz
....
ɛta

der Korkenzieher
....
deɛ yɛtu nsa so

die Dose
....
konko

der Dosenöffner
....
deɛ yɛde bue konko so

der Topflappen
....
yɛde sɔ kukuo mu

das Waschbecken
....
sink

die Bürste
....
brɔhye

der Schwamm
....
sapɔ

der Mixer
....
aduane yam fidie

die Gefriertruhe
....
friza nini

die Babyflasche
....
toa a abɔdoma nom ano

der Wasserhahn
....
paipo

die Küche - mukaase   37

die Dusche
hyawa

die Heizung
ɔhyewbɔ

das Handtuch
bɔɔloba

der Duschvorhang
ntoma etwa hyawa mu

das Schaumbad
ahuro a yɛdware mu

die Badewanne
pan a yɛdware mu

das Glas
glase

die Waschmaschine
afidie a esi nnɛma

der Wasserhahn
paipo

die Fliesen
tiailse

das Töpfchen
kuraba

das Waschbecken
sink

die Toilette

teɛfi

die Hocktoilette

teɛfi a yɛ koto so

das Bidet

bidet teɛfi

das Pissoir

dwonsɔ dan

das Toilettenpapier

teɛfi so krataa

die Toilettenbürste

teɛfi so brɔhye

die Zahnbürste

hye a yɛde twitwiri see

die Zahnpasta

aduro a yɛde twitwiri see

die Zahnseide

yɛde yiyi ɛsee mu

waschen

si

die Handbrause

hyawa a yɛsɔ mu

die Intimdusche

paipo a yɛde hohoro
ananmu

die Waschschüssel

bokiti

die Rückenbürste

brɔhye a wode dware w'akyi

die Seife

samena

das Duschgel

hyawa samena

das Shampoo

nsuo samena

der Waschlappen

flanɛl ntoma

der Abfluss

baabi a nsu fa pue

die Creme

nku

das Deodorant

yɛde fefa amotoamu

der Spiegel

ahwehwɛ

der Kosmetikspiegel

ahwehwɛ a yɛsɔ mu

der Rasierer

bled

der Rasierschaum

ahuro a yɛde yi nwi

das Rasierwasser

aduro a yɛde fefa baabi a
wo ayi nwi

der Kamm

afen

die Bürste

brɔhye

der Föhn

afidie a ɛwo nwi

das Haarspray

enwi sopre

das Makeup

pɔns

der Lippenstift

lipstike

der Nagellack

penti a yɛde mɔreɛ so

die Watte

asaawa

die Nagelschere

apasɔɔ a etwa mmɔreɛ

das Parfum

aduhwam

der Kulturbeutel

adwareɛ baage

der Hocker

edwa

die Waage

skele

der Bademantel

adwereɛ ataadeɛ

die Gummihandschuhe

rɔba a yɛde hyɛ nsa ho

das Tampon

tampon

die Damenbinde

abɛɛfo amonsen

die Chemietoilette

teɛfi a aduro gum

das Kinderzimmer
nkwadaa dan mu

der Wecker
klɔk a ɛbɔ nkaeɛ

das Kuscheltier
kyoobi

das Spielzeugauto
toi kaa

die Rassel
akasaa

das Puppenhaus
broniba dan

das Geschenk
seeseiara

der Ballon

baaluu

das Bett

mpa

der Kinderwagen

nkwadaa kaa

das Kartenspiel

sopaa

das Puzzle

gyiksɔɔ

der Comic

nsɛnkwa

die Legosteine

lego blɔg

die Bausteine

blɔg a yɛde si dan

die Action Figur

nnipa ɔbɔhyɛ

der Strampelanzug

abɔdoma ataadeɛ

das Frisbee

frisbee

das Mobile

mobail

das Brettspiel

ponoso agodie

der Würfel

daahye

die Modelleisenbahn

nkwadaa keteke

der Schnuller

koliko

die Party

apontoo

das Bilderbuch

nfonin nwoma

der Ball

bɔɔlo

die Puppe

broniba

spielen

di agorɔ

der Sandkasten

anwea adaka

die Schaukel

adonko

das Spielzeug

tois

die Spielkonsole

video agodie apaawa

das Dreirad

sakre a ne nan meɛnsa

der Teddy

kyoobi

der Kleiderschrank

wɔdropo

die Kleidung
ntaadeɛ

die Socken

sɔks

die Strümpfe

stokens

die Strumpfhose

sekentait

der Schal
duku

der Regenschirm
kyinieɛ

das T-Shirt
t-hyɛɛt

der Gürtel
bɛlɛte

die Turnschuhe
kamboo

der Stiefel
mpaboa

die Hausschuhe
kyalewate

die Sandalen
....
asopatre

die Schuhe
....
mpoboa

die Gummistiefel
....
rɔba mpaboa

die Unterhose
....
ɛtam

der Büstenhalter
....
bra

das Unterhemd
....
singlɛte

die Kleidung - ntaadeɛ 45

der Body

nipadua

die Hose

trɔsa

die Jeans

gyins

der Rock

sekɛɛt

die Bluse

ɛsoro ataadeɛ

das Hemd

hyɛɛte

der Pullover

nkatoho a ɛko awɔ

der Kapuzenpullover

hoodie

der Blazer

koot

die Jacke

nkatasoɔ

der Mantel

nkatasoɔ

der Regenmantel

nsutɔ mu nkataho

das Kostüm

dwumadie bi ho ataadeɛ

das Kleid

mmaa atadeɛ

das Hochzeitskleid

ayefrɔ ataadeɛ

der Anzug

kootu

das Nachthemd

mmaa ataadeɛ a yɛde da

der Schlafanzug

pigyamas ataadeɛ

der Sari

sari

das Kopftuch

duku

der Turban

abotire

die Burka

burka

der Kaftan

kaftan

die Abaya

nkramofoɔ mmaa ataɖɛ

der Badeanzug

adeɛ a yɛde dware nsuo

die Badehose

asenemu ataadeɛ

die kurze Hose

nika

der Trainingsanzug

agokansie ntaadeɛ

die Schürze

akatasoɔ

die Handschuhe

nsa nkataho

der Knopf

bɔtom

die Brille

sopɛɛse

das Armband

ahwneɛ

die Halskette

komadeɛ

der Ring

kawa

der Ohrring

asomadeɛ

die Mütze

ɛkyɛ

der Kleiderbügel

yɛde koot sɛn so

der Hut

ɛkyɛ

die Krawatte

abɔmene mu

der Reißverschluss

zip

der Helm

ɛkyɛ denden

der Hosenträger

bresis

die Schuluniform

sukuu ataadeɛ

die Uniform

adwuma ataadeɛ

das Lätzchen
mmɔfra bib

der Schnuller
koliko

die Windel
nkwadaa napken

das Büro
asoeɛ

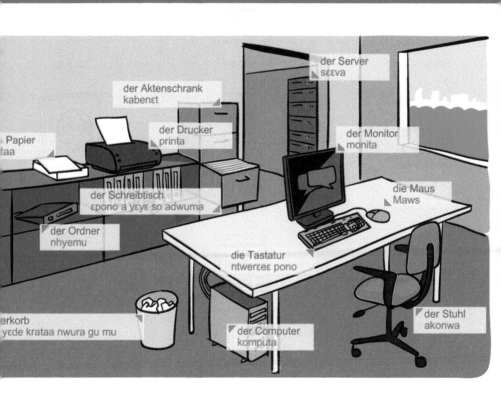

der Server
sɛɛva

der Aktenschrank
kabenɛt

der Drucker
printa

der Monitor
monita

Papier
aa

der Schreibtisch
ɛpono a yɛyɛ so adwuma

die Maus
Maws

der Ordner
nhyemu

die Tastatur
ntwerɛeɛ pono

erkorb
yɛde krataa nwura gu mu

der Computer
komputa

der Stuhl
akonwa

der Kaffeebecher
kɔfe kuruwa

der Taschenrechner
akontabuo fidie

das Internet
intanɛt

der Laptop

laptop

der Brief

lɛta

die Nachricht

nkratɔɔ

das Handy

mobail kasafidie

das Netzwerk

nɛtwɛke

der Kopierer

fotokɔpi

die Software

softwɛɛ

das Telefon

tetefon

die Steckdose

sɔkɛt

das Fax

faks afidie

das Formular

katraa

das Dokument

nkrataa

kaufen

tɔ

bezahlen

tua

handeln

di dwa

das Geld

sika

USD

der Dollar

dollar

EUR

der Euro

euro

JPY

der Yen

yen

RUB

der Rubel

rubel

CHF

der Franken

Swiss franks

CNY

der Renminbi Yuan

renminbi yuan

INR

die Rupie

rupii

der Geldautomat

baabi yɛtua sika

die Wechselstube

baabi a yɛ sesa sika

das Gold

sika kɔkɔɔ

das Silber

dwetɛ

das Öl

now

die Energie

ahooden

der Preis

ne boɔ

der Vertrag

kontragye

die Steuer

ɛtoɔ

die Aktie

stɔk

arbeiten

adwuma

der Angestellte

adwumayɛni

der Arbeitgeber

adwumawura

die Fabrik

mfididwuma mu

das Geschäft

sotɔɔ

der Polizist
polisini

der Feuerwehrmann
odumgya adwumayɛni

der Koch
kuku

der Arzt
dɔkota

der Pilot
obi a otwi wiemhyɛn

der Gärtner

ɔyɛ afuo

der Tischler

dua dwomfoɔ

die Näherin

adepani baa

der Richter

atɛnmuafoɔ

der Chemiker

ɔtɔn nnuro

der Schauspieler

sini yɛfoɔ

der Busfahrer

bɔs drɔba

der Taxifahrer

taisi drɔba

der Fischer

ɔpofoɔ

die Putzfrau

ɔbaa a osiesie fie

der Dachdecker

ɔbɔdanso

der Kellner

ɔsom adidieɛ

der Jäger

bɔmɔfoɔ

der Maler

penta

der Bäcker

ɔto paano

der Elektriker

ɔyɛ nkaneɛ ho adwuma

der Bauarbeiter

ɔdansifoɔ

der Ingenieur

inginia

der Schlachter

ɔdwa nam

der Klempner

plɔmba

der Postbote

krataa manefoɔ

der Soldat

sogyani

der Florist

ɔtɔn nhwiren

der Architekt

ɔdwi adan

der Friseur

ɔyɛ tire

der Kassierer

ɔgyegye sika

der Schaffner

meeti

der Mechaniker

fitani

der Kapitän

nnipa a otwi suhyɛn

der Zahnarzt

ɛsee dɔkota

der Wissenschaftler

abɔdeɛ mu nimdefoɔ

der Rabbi

rabi

der Imam

kramo panin

der Mönch

ɔsɔfo

der Geistliche

osɔfo

der Hammer
hama

die Zange
playa

der Schraubendreher
skrudroba

der Schraubenschlüssel
sopana

die Taschen
abɛɛfo tɛnee

der Bagger

otu amena

der Werkzeugkasten

anwenade adaka

die Leiter

atwedeɛ

die Säge

asradaa

die Nägel

nnadewa

der Bohrer

afidie a yɛde bɔne tokro

reparieren

siesie

die Schaufel

sofi

Mist!

Ebei!

das Kehrblech

asanwura

der Farbtopf

penti kukuo

die Schrauben

skruu

die Musikinstrumente
nneɛma a yɛde bɔ nwom

der Lautsprecher
msopika a anoyɛden

das Schlagzeug
nneama a yɛde bɔ ntwene

die Gitarre
dwitae

der Kontrabass
bass dwitae kɛseɛ

die Trompete
abɛn

das Klavier

sankuo

die Violine

ahoma sankuo

der Bass

bass dwitae

die Pauke

atumpan

die Trommeln

ntwene

das Keyboard

ntwerɛeɛ apa

das Saxophon

saksofon

die Flöte

atentenbɛn

das Mikrofon

maikrofon

der Eingang
εpono ano

der Tiger
sεbo

der Käfig
mmoa dan

das Zebra
zebra

das Tierfutter
mmoa aduane

der Panda
panda

die Tiere

mmoa

der Elefant

ɔsono

das Känguruh

kangaru

das Nashorn

raino

der Gorilla

akatea

der Bär

sisire

das Kamel

afunuponkɔ

der Strauß

sohori

der Löwe

gyata

der Affe

adwee

der Flamingo

flamingo

der Papagei

ako

der Eisbär

awɔ mu sisire

der Pinguin

penguin

der Hai

oboodede

der Pfau

akɔkonini abankwa

die Schlange

wɔwɔ

das Krokodil

dɛnkyɛm

der Zoowärter

nnipa ɛhwɛ zoo so

die Robbe

nsuo mu gyata

der Jaguar

sebɔ

das Pony

ponkɔ ba

der Leopard

etwie

das Nilpferd

susuono

die Giraffe

kɔntenten

der Adler

ɔkɔdeɛ

das Wildschwein

kɔkɔte

der Fisch

apataa

die Schildkröte

sudandan

das Walross

walrus

der Fuchs

sakraman

die Gazelle

ɔtwee

der Sport
agokansie

das American Football
Amerikafɔɔ futbɔɔlɔ

das Radfahren
skre twie

das Tennis
tennis

der Basketball
basketbɔɔlɔ

das Schwimmen
nsuom adwareɛ

das Eishockey
asukɔkyea so hɔkí

das Boxen
akutruku

der Fußball
....
futbɔl

das Badminton
....
badmintin

die Leichtathletik
....
mirikatuo

der Handball
....
bɔɔlo a yɛde nsa bɔ

das Skilaufen
....
skii

das Polo
....
polo

pringen
uri

lachen
sere

umarmen
bam

singen
to dwom

gehen
nante

beten
bɔ mpaeɛ

küssen
fe ano

träumen
so daeɛ

schreiben

twerɛ

zeichnen

dwi

zeigen

kyerɛ

drücken

pia

geben

ma

nehmen

fa

haben

nya

tun

yɛ

sein

yɛ

stehen

gyina

laufen

tu mirika

ziehen

twe

werfen

to

fallen

tɔ fam

liegen

da hɔ

warten

twɛn

tragen

soa

sitzen

tenase

anziehen

hyɛ ataadeɛ

schlafen

da

aufwachen

nyane

ansehen

hwɛ

weinen

su

streicheln

san ho

kämmen

nunum

reden

kasa

verstehen

te aseɛ

fragen

bisa

hören

tie

trinken

nom

essen

didi

aufräumen

yɛ nsiesie

lieben

ɔdɔ

kochen

noa

fahren

twi

fliegen

tu

die Aktivitäten - nwumadie

segeln

fa nsuo so

rechnen

sese

lesen

kenkan

lernen

sua

arbeiten

adwuma

heiraten

ware

nähen

pam

Zähne putzen

twitwiri wo se

töten

kum

rauchen

nom gyɔt

senden

mane

roßmutter
baa

der Großvater
nana barima

der Vater
papa

die Mutter
maame

das Baby
abɔdoma

die Tochter
ba baa

der Sohn
ba barima

der Gast

ɔhɔhoɔ

die Tante

sewaa

der Onkel

wɔfa

der Bruder

nua barima

die Schwester

nua baa

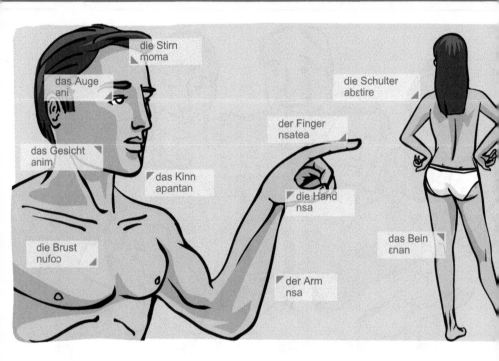

die Stirn
moma

das Auge
ani

die Schulter
abɛtire

der Finger
nsatea

das Gesicht
anim

das Kinn
apantan

die Hand
nsa

die Brust
nufoɔ

das Bein
ɛnan

der Arm
nsa

das Baby

abɔdoma

der Mann

barima

die Frau

ɔbaa

das Mädchen

abayewa

der Junge

abarimawa

der Kopf

etire

der Rücken

akyi

der Bauch

afro

der Nabel

fruma

der Zeh

nansoa

die Ferse

nantini

der Knochen

dompe

die Hüfte

ataasɔɔ

das Knie

kotodwe

der Ellenbogen

abatwɛ

die Nase

ɛhwene

das Gesäß

ɛtoɔ

die Haut

wedeɛ

die Wange

afono

das Ohr

aso

die Lippe

ano

der Mund

anom

der Zahn

ɛsee

die Zunge

tɛkyerɛma

das Gehirn

adwene

das Herz

akoma

der Muskel

ntini

die Lunge

aharawa

die Leber

brɛboɔ

der Magen

yafunu

die Nieren

asaa

der Geschlechtsverkehr

nna

das Kondom

kondom

die Eizelle

ɔbaa nkosua

das Sperma

barima ho nsuo

die Schwangerschaft

nyinsɛn

die Menstruation

nsabuo

die Vagina

ɛtwɛ

der Penis

kouteɛ

die Augenbraue

anintɔn

das Haar

enwin

der Hals

ɛkɔn

das Krankenhaus
ayaresabea

das Krankenhaus
ayaresabea

der Krankenwagen
ambulans

der Rollstuhl
abubuafoɔ akonwa

der Bruch
dompe a adwa

der Arzt

dɔkota

die Notaufnahme

ɛdan a wɔde putupru nsɛm
kɔmu

die Krankenschwester

nɛɛse

der Notfall

putupru

ohnmächtig

wɔ atwa ahwe

der Schmerz

yea

die Verletzung

epira

die Blutung

mogyatuo

der Herzinfarkt

akoma yarenini

der Schlaganfall

stroke yareɛ

die Allergie

allegyi

der Husten

ɛwa

das Fieber

ahoɔhyeɛ

die Grippe

papu

der Durchfall

ayamtuo

die Kopfschmerzen

tipaeɛ

der Krebs

kokoram

die Diabetis

asikyire yareɛ

der Chirurg

ɔkota a ɛyɛ oprehyɛn

das Skalpell

skapɛl sekan

die Operation

aprehyɛn

das CT

CT

das Röntgen

x-ray

das Ultraschall

ultrasound

die Maske

nkatanim

die Krankheit

yareɛ

das Wartezimmer

ɛdan a wɔ twɛn mu

die Krücke

krɔhyes

das Pflaster

plasta

der Verband

banege

die Injektion

paneɛ

das Stethoskop

Stetoskop

die Trage

ahomankaa

das Thermometer

afidie a esusu ahoɔhyeɛ

die Geburt

awoɔ

das Übergewicht

kɛseɛ mmorosoɔ

das Hörgerät

fidie a ɛboa asɛmtie

das Desinfektionsmittel

aduro a ekum mmoawa

die Infektion

yareɛ a mmoawa deba

das Virus

vaarɔs

das HIV / AIDS

HIV / AIDS

die Medizin

aduro

die Impfung

aduro a esi yareɛ ano

die Tabletten

aduro tablɛte

die Pille

topaeɛ

der Notruf

ɔfrɛ wɔ putupru so

das Blutdruck-Messgerät

afidie a esusu mogya
mmrosoɔ

krank / gesund

yareɛ / apomuden

Hilfe!

Boa me!

der Alarm

kɔkɔbɔ

der Überfall

ɛborɔ

der Angriff

ato ahyɛ obi so

die Gefahr

ɛyɛ hu

der Notausgang

baabi a yɛfa de pue putupru so

Feuer!

Ogya!

der Feuerlöscher

afidie a yɛde dumgya

der Unfall

nkwanhyia

der Erste-Hilfe-Koffer

nneɛma yɛde sɔ yareɛ ano

SOS

SOS

die Polizei

polisi

das Europa

Yuropo

das Nordamerika

Amerika atifi

das Südamerika

Amerika ananfoɔ

das Afrika

Abiberm

das Asien

Asia

das Australien

Australia

der Atlantik

Atlantik

der Pazifik

Pasifek

der Indische Ozean

India po kɛseɛ

er Antarktische Ozean

Antaatek po keseɛ

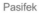

der Arktische Ozean

Aatek po kɛseɛ

der Nordpol

Ewiase atifi

der Südpol

Ewiase anaafoɔ

die Antarktis

Antaatek

die Erde

Ewiase

das Land

asaase

das Meer

ɛpo

die Insel

supɔ

die Nation

ɔman

der Staat

ɔman

das Zifferblatt

kloko no anim

der Stundenzeiger

dɔnhwere nsa no

der Minutenzeiger

sima nsa

der Sekundenzeiger

anitɛtɛ nsa no

Wie spät ist es?

Abɔ sɛn?

der Tag

da

die Zeit

berɛ

jetzt

seeseiara

die Digitaluhr

wkye a nɔma wɔ so

die Minute

sima

die Stunde

dɔnhwere

die Woche

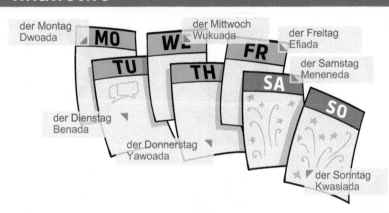

der Montag
Dwoada

der Mittwoch
Wukuada

der Freitag
Efiada

der Samstag
Meneneda

der Dienstag
Benada

der Donnerstag
Yawoada

der Sonntag
Kwasiada

gestern

ɛnora

heute

ɛnora

morgen

ɔkyina

der Morgen

anɔpa

der Mittag

prɛmtobrɛ

der Abend

anwumerɛ

MO	TU	WE	TH	FR	SA	SU
1	2	3	4	5	6	7
8	9	10	11	12	13	14
15	16	17	18	19	20	21
22	23	24	25	26	27	28
29	30	31	1	2	3	4

die Arbeitstage

adwuma nna

MO	TU	WE	TH	FR	SA	SU
1	2	3	4	5	6	7
8	9	10	11	12	13	14
15	16	17	18	19	20	21
22	23	24	25	26	27	28
29	30	31	1	2	3	4

das Wochenende

nnawɔtwe awieɛ

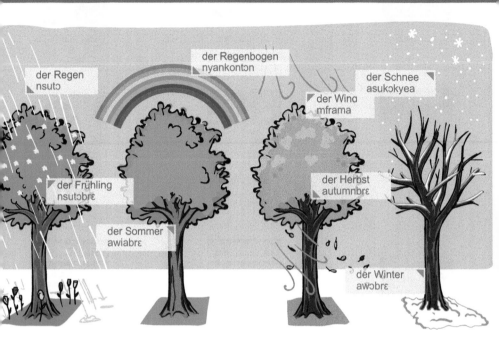

der Regen
nsuto

der Regenbogen
nyankontɔn

der Schnee
asukɔkyea

der Wind
mframa

der Frühling
nsutobrɛ

der Herbst
autumnbrɛ

der Sommer
awiabrɛ

der Winter
awɔbrɛ

die Wettervorhersage

ewiem nsakrɛeɛ

das Thermometer

afidie a esusu ade ho hyeɛ

der Sonnenschein

awiabɔ

die Wolke

munukum

der Nebel

ɛbɔ

die Luftfeuchtigkeit

ewiem nsuo

der Blitz

ayerɛmo

der Donner

apranaa

der Sturm

ehum

der Hagel

asukɔkyea

der Monsun

monsoonbrɛ

die Flut

nsuyiri

das Eis

aise

der Januar

ɔpɛpɔn

der Februar

ɔgyefoɔ

der März

ɔbɛnem

der April

Oforisuo

der Mai

Kotonimaa

der Juni

Ayɛwohomumu

der Juli

Kitawonsa

der August

ɔsanaa

der September
....
ɛbɔ

der Oktober
....
Ahinime

der November
....
Obubuo

der Dezember
....
ɔpɛnimaa

die Formen
abosuo

der Kreis
....
kanko

das Quadrat
....
sokwɛɛ

das Rechteck
....
rɛktangel

das Dreieck
....
triangel

die Kugel
....
krukruwa

der Würfel
....
adaka

weiß

fitaa

gelb

akokɔ sradeɛ

orange

ankaa

pink

pink

rot

kɔkɔɔ

lila

pɛpol

blau

bruu

grün

ahaban mono

braun

braun

grau

nson

schwarz

tuntum

viel / wenig

pii / ketewa

wütend / friedlich

wo boafu / wɔ adwo

hübsch / hässlich

ɛyɛ fɛ / ɛyɛ tan

Anfang / Ende

ahyɛseɛ / awieɛ

groß / klein

kɛseɛ / esua

hell / dunkel

ɛha / esum

Bruder / die Schwester

nuabarima / nuabaa

sauber / schmutzig

ɛho te / ayɛ fin

vollständig / unvollständig

awie / enwieɛ

der Tag / die Nacht

awia / anadwo

tot / lebendig

awu / ɛte ase

breit / schmal

emubae / ɛyɛ tea

genießbar / ungenießbar

yɛde /yɛnni

böse / freundlich

bɔne / tema

aufgeregt / gelangweilt

wɔ aniagye / wɔ ani nka

dick / dünn

ɔso / teatea

zuerst / zuletzt

edikan / etwatɔɔ

der Freund / der Feind

adamfoɔ / atamfo

voll / leer

ayɛ mma / hwee nim

hart / weich

ɛdenden / mmerɛ mmerɛ

schwer / leicht

ɛyɛ duru / ɛyɛ ha

der Hunger / der Durst

ɛkɔm / nsukɔm

krank / gesund

yareɛ / apomuden

illegal / legal

etia mmara / ɛwɔ mmara mu

intelligent / dumm

nyansa / gyimi

links / rechts

benkum / nifa

nah / fern

ɛbɛn / akyire

neu / gebraucht

foforɔ / dada

nichts / etwas

hwee / biribi

alt / jung

wɔ anyini/ ɔsua

an / aus

sɔ /dum

offen / geschlossen

bue / tom

leise / laut

dinn / dede

reich / arm

ɔdefoɔ / ohia

richtig / falsch

nifa / benkum

rau / glatt

werewerɛwerewerɛ /
trontron

traurig / glücklich

awerɛhoɔ / anigyeɛ

kurz / lang

tietia / tenten

langsam / schnell

nyaa / ntɛm

nass / trocken

afɔ / awɔ

warm / kühl

dedɛɛdeɛɛ / adwo

der Krieg / der Frieden

akoo / asomdweɛ

0

null

hwee

1

eins

baako

2

zwei

mienu

3

drei

meɛnsa

4

vier

ɛnan

5

fünf

enum

6

sechs

nsia

7

sieben

nson

8

acht

nwɔtwe

9

neun

nkron

10

zehn

edu

11

elf

du-baako

12

zwölf

du-mienu

13

dreizehn

du-meɛnsa

14

vierzehn

du-nan

15

fünfzehn

du-num

16

sechzehn

du-nsia

17

siebzehn

de-nson

18

achtzehn

du-nwɔtwe

19

neunzehn

du-nkron

20

zwanzig

aduonu

100

hundert

ɔha

1.000

tausend

apem

1.000.000

million

ɔpepem

die Zahlen - nɔma

89

Englisch

Brɔfo

Amerikanisches Englisch

Amerikafoɔ Brɔfo

Chinesisch Mandarin

Chainfoɔ Mandarin

Hindi

Hindi

Spanisch

Spainfoɔ kasa

Französisch

French kasa

Arabisch

Arabia kasa

Russisch

Russianfoɔ kasa

Portugiesisch

Portugalfoɔ kasa

Bengalisch

Bengali

Deutsch

Germanfoɔ kasa

Japanisch

Japanfoɔ kasa

ich

Me

du

wo

er / sie / es

ono

wir

yɛn

ihr

wo

sie

ɔmmo

wer?

hwan?

was?

deɛ bɛn?

wie?

ɛyɛ deɛn?

wo?

ehen?

wann?

dabɛn?

Name

edin

hinter

akyire

in

emu

vor

anim

über

εsoro

auf

εso

unter

aseε

neben

nkyεn

zwischen

ntεm

der Ort

beaε